Capítulo 1

Redescubriendo la Productividad Después de los 50

Este documento explora cómo las personas mayores de 50 años pueden redescubrir su productividad y contribuir significativamente a la sociedad. Aborda los mitos comunes sobre la edad y la productividad, destaca las fortalezas únicas acumuladas con el tiempo, y ofrece estrategias para aprovechar la experiencia y los valores personales en esta nueva etapa de la vida. El objetivo es inspirar a los lectores a abrazar sus capacidades y vivir una vida con propósito, independientemente de su edad.

Introducción a una nueva etapa de productividad

La vida no termina a los 50 años, y mucho menos tu capacidad de contribuir, crear e impactar el mundo. Si bien esta etapa puede traer desafíos propios, también representa un terreno fértil para nuevos comienzos. Redescubrir la productividad en esta etapa no solo es posible, sino que puede ser una experiencia profundamente enriquecedora.

Este capítulo está diseñado para ayudarte a cambiar la narrativa en torno a lo que significa ser productivo después de los 50 años. Aquí exploraremos cómo desmantelar los mitos que limitan tu potencial y cómo aprovechar al máximo las fortalezas únicas que has acumulado con el tiempo. La clave para abrazar esta nueva etapa está en entender que la productividad no se trata solo de trabajar más rápido o lograr más cosas en menos tiempo. Se trata de enfocarse en lo que importa, usar tu experiencia de manera estratégica y, sobre todo, vivir una vida con propósito.

Rompiendo mitos sobre la productividad en la edad madura

Uno de los mayores obstáculos para redescubrir nuestra productividad es el peso de los mitos y creencias erróneas que se han perpetuado en torno a la edad. Estas ideas, aunque falsas, pueden influir en nuestra percepción y frenar nuestro potencial. Es momento de cuestionar estas narrativas y abrirnos a una visión más realista y optimista.

Mito 1: "A partir de los 50, la creatividad disminuye"

Este mito proviene de la creencia de que la creatividad es una cualidad exclusiva de los jóvenes. Sin embargo, numerosos estudios y ejemplos muestran lo contrario. Grandes figuras han alcanzado hitos creativos después de los 50 años. Por ejemplo, la diseñadora Vera Wang comenzó su carrera en la moda a los 40 y continuó innovando décadas después. Otro ejemplo inspirador es el de Frank Lloyd Wright, quien diseñó el icónico museo Guggenheim a los 70 años.

Mito 2: "Es difícil aprender cosas nuevas después de los 50"

Este es uno de los mitos más perjudiciales porque desalienta a muchas personas a intentar nuevos desafíos. Si bien es cierto que el cerebro cambia con la edad, también es increíblemente adaptable. La neuroplasticidad, o la capacidad del cerebro para formar nuevas conexiones, no desaparece con el tiempo; se mantiene activa siempre que la ejercitemos.

Mito 3: "La productividad es solo para quienes tienen energía ilimitada"

La sociedad suele asociar la productividad con la energía física de la juventud, pero esta idea ignora las múltiples formas de ser productivo. La experiencia acumulada te permite lograr más con menos esfuerzo, ya que puedes anticipar problemas, gestionar prioridades y optimizar procesos.

La creatividad y el aprendizaje después de los 50

La creatividad no se desvanece con los años; simplemente cambia su forma. Mientras que en la juventud puede ser más impulsiva o experimental, en la madurez tiende a ser más refinada, fundamentada y estratégica.

Reflexión práctica: Piensa en un área de tu vida donde hayas encontrado soluciones creativas basadas en tu experiencia. ¿Cómo podrías aplicar esa misma creatividad a un nuevo proyecto o interés?

Personas como Laura Ingalls Wilder, autora de la serie de libros La casa de la pradera, publicaron sus primeras obras bien entrada la madurez. Aprender no tiene fecha de caducidad; lo único que necesitas es disposición y práctica constante.

Reflexión práctica: Considera inscribirte en un curso o taller que siempre hayas querido tomar.
Desde aprender un idioma hasta dominar herramientas digitales, cada paso cuenta para expandir tus horizontes.

La productividad en esta etapa no se trata de cantidad, sino de calidad: de centrarte en lo que realmente importa y en lo que mejor sabes hacer.

Conclusión: El mejor momento es ahora

Redescubrir tu productividad después de los 50 no es solo una posibilidad; es una oportunidad para escribir un capítulo nuevo y emocionante en tu vida. Al dejar de lado los mitos limitantes y reconocer el valor de tus fortalezas acumuladas, puedes desbloquear un potencial que quizás no sabías que tenías.

No se trata de competir con los jóvenes ni de demostrarle nada a nadie. Se trata de aprovechar lo que eres y lo que has aprendido para vivir con propósito, en tus propios términos. ¡El mejor momento para empezar es ahora!

Resiliencia: La fortaleza oculta

Una de las cualidades más poderosas que has desarrollado con el tiempo es la resiliencia. Las adversidades te han enseñado a adaptarte y seguir adelante, y esa capacidad es invaluable para emprender nuevos retos.
Un ejemplo claro de resiliencia es el de la activista Harriet Tubman, quien continuó luchando por la justicia y la igualdad bien entrada su vejez. Cada obstáculo que has superado te ha hecho más fuerte, y esa fortaleza es tu aliada en esta etapa.

1 Reconoce tu resiliencia

Reflexiona sobre los desafíos que has superado a lo largo de tu vida.

2 Aplica tu experiencia

Usa las lecciones aprendidas para abordar nuevos retos con confianza.

3 Inspira a otros

Comparte tu historia de resiliencia para motivar a quienes te rodean.

Valores sólidos como guía

Con el tiempo, también has desarrollado un conjunto de valores que definen quién eres y qué consideras importante. Estos valores pueden ser tu brújula para decidir dónde enfocar tu energía. Por ejemplo, si valoras la comunidad, podrías dedicarte a proyectos sociales. Si aprecias la creatividad, tal vez sea el momento de explorar una pasión artística o literaria.

El psicólogo Erik Erikson señaló que la madurez nos invita a buscar formas de dar significado a nuestra vida. Esto no implica grandes cambios necesariamente, sino encontrar maneras de alinear tus acciones con lo que realmente importa.

> Ejercicio práctico: Pregúntate: ¿Cuáles son los valores que más te representan hoy? ¿Cómo puedes incorporarlos en tu vida diaria o proyectos actuales?

Identificando fortalezas y valores acumulados

Después de los 50, tienes algo que nadie puede igualar: décadas de experiencia y un conjunto de valores bien definidos. Estas son tus mayores fortalezas y pueden convertirse en la base para una productividad significativa.

La sabiduría de la experiencia

A lo largo de los años, has acumulado conocimientos que no se encuentran en los libros. Sabes cómo resolver conflictos, tomar decisiones bajo presión y valorar las cosas verdaderamente importantes. Estas habilidades son esenciales, especialmente en un mundo donde la rapidez a menudo supera la reflexión.

Por ejemplo, en un entorno laboral, tu experiencia te permite abordar problemas con una perspectiva que los más jóvenes quizás no tengan. Si decides emprender un proyecto personal, puedes aplicar lecciones que ya has aprendido, evitando errores y maximizando tus recursos.

Ejercicio práctico: Haz una lista de tres situaciones difíciles que hayas superado en el pasado. ¿Qué aprendiste de ellas y cómo puedes usar ese conocimiento hoy?

Capítulo 2

Conociendo tu nuevo propósito

Este capítulo explora cómo redefinir metas personales y profesionales después de los 50 años. Se enfoca en la importancia de reconectar con intereses actuales y construir un propósito claro para esta nueva etapa de la vida. El capítulo ofrece estrategias prácticas, ejercicios de reflexión y ejemplos inspiradores para ayudar a los lectores a descubrir y perseguir sus nuevos objetivos.

Introducción: Una Nueva Etapa, una Nueva Oportunidad

Cruzar la barrera de los 50 años puede sentirse como un punto de inflexión en la vida. Para algunos, es un momento de reflexión, un espacio para mirar atrás y evaluar los logros, las experiencias vividas y los caminos recorridos. Para otros, es un llamado a reinventarse, a buscar nuevos horizontes que antes no parecían posibles.

Lejos de ser una etapa de cierre, este momento puede ser el inicio de algo completamente nuevo.

Quizás tus hijos han crecido y tienen sus propias vidas. Tal vez te encuentres considerando la jubilación o pensando en cambiar de carrera. Es posible que tengas más tiempo y libertad para dedicarte a lo que realmente te importa.

En este capítulo, exploraremos cómo redefinir tus metas personales y profesionales para que reflejen quién eres hoy, no quién eras hace veinte o treinta años. Descubrirás ejercicios prácticos diseñados para ayudarte a conectar con tus intereses actuales y a construir un propósito claro y motivador para esta etapa de tu vida.

La Importancia de Redefinir tus Metas

A medida que envejecemos, nuestras prioridades y perspectivas suelen cambiar. Las metas que alguna vez nos impulsaron —subir en la carrera profesional, comprar una casa, formar una familia— pueden haber perdido relevancia. Ahora, es el momento de preguntarte: ¿Qué es lo que realmente quiero en esta etapa de mi vida?

Aceptar el Cambio como Parte del Proceso

Cambiar no significa que has fallado en cumplir tus objetivos anteriores. Más bien, significa que has crecido y evolucionado. Es normal que, después de años dedicados a responsabilidades familiares o laborales, sientas la necesidad de buscar algo que sea solo para ti.

Piensa en esta etapa como una oportunidad para redescubrirte. Pregúntate:

- ¿Qué actividades me llenan de energía y alegría?
- ¿Qué habilidades o talentos me gustaría seguir desarrollando?
- ¿Cómo quiero que me recuerden?

Reconocer los Cambios en las Prioridades

Tal vez ahora valoras más tu bienestar físico y emocional, o tal vez buscas dejar un impacto positivo en tu comunidad. Puede que desees emprender un proyecto personal o viajar más. Sea cual sea tu interés, es crucial que tus metas estén alineadas con tus valores actuales, no con los de hace décadas.

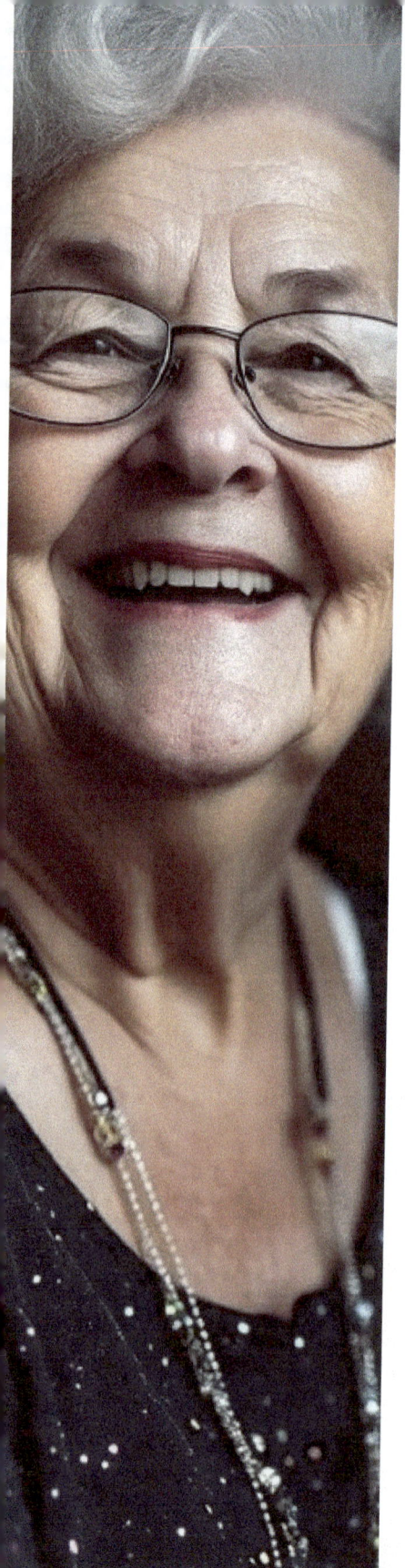

Estrategias para Establecer Nuevas Metas

Redefinir metas no significa empezar desde cero; significa ajustar el rumbo. Aquí hay algunas estrategias para ayudarte en este proceso:

1 Revisa tus Logros Pasados

Reflexiona sobre tus experiencias previas. Identifica qué estrategias te han funcionado y cuáles necesitas modificar para lograr tus nuevos objetivos.

2 Define lo que Significa Éxito

El éxito ya no es el mismo que hace años. Establece nuevos parámetros que reflejen tus valores actuales y aspiraciones personales.

3 Establece Metas Claras y Alcanzables

Divide tus objetivos en pasos pequeños y concretos. Cada meta debe ser específica, medible y motivadora para mantenerte enfocado.

1.Revisa tus Logros Pasados

Antes de mirar hacia el futuro, reflexiona sobre lo que has logrado. Haz una lista de los momentos de los que te sientes más orgulloso. Estos logros pueden ser tanto personales como profesionales. Por ejemplo:

- Criar a tus hijos con amor y dedicación.
- Completar una carrera o alcanzar un hito profesional.
- Superar desafíos personales o de salud.

Este ejercicio no solo te recordará de lo que eres capaz, sino que también puede ayudarte a identificar patrones sobre lo que realmente valoras.

2.Define lo que Significa Éxito para Ti Ahora

El éxito puede haber significado una carrera ascendente en tus 30 años o estabilidad financiera en tus 40.Ahora, pregúntate:

- ¿Qué quiero lograr en los próximos 5, 10 o 20 años?
- ¿Cómo quiero sentirme mientras lo hago?

3.Establece Metas Claras y Alcanzables

Utiliza el enfoque SMART (Específicas, Medibles, Alcanzables, Relevantes y con Tiempo Definido) para estructurar tus objetivos. Por ejemplo:

- En lugar de "Quiero estar más saludable", prueba: "Caminaré 30 minutos al día, cinco días a la semana, durante los próximos tres meses".

Ejercicios de Reflexión para Descubrir tu Propósito

Los siguientes ejercicios te ayudarán a profundizar en lo que realmente importa para ti y a clarificar tu propósito:

Ejercicio 1: Lo que Realmente Me Importa

Toma una hoja de papel y divide la página en dos columnas. 2.En la primera columna, escribe tus mayores logros hasta ahora. 3.En la segunda, escribe cómo te hicieron sentir esos logros.

Analiza si hay un patrón en lo que más valoras. Esto puede ayudarte a identificar áreas de tu vida que te traen satisfacción y alegría.

Ejercicio 2: Roles para los Próximos Años

1. Piensa en los roles que desempeñas actualmente (por ejemplo: padre, profesional, voluntario).
2. Ahora, escribe los roles que te gustaría explorar en el futuro (por ejemplo: mentor, viajero, emprendedor).
3. Reflexiona sobre cómo podrías dar pasos pequeños pero significativos hacia estos roles.

Ejercicio 3: La Pregunta de los Tres Deseos

1. Imagina que tienes tres deseos garantizados para cumplir en los próximos cinco años.
2. Anota cuáles serían y por qué.
3. Reflexiona: ¿Qué te impide perseguirlos ahora mismo?

Inspiración de Historias Reales

Nada motiva más que ver ejemplos de personas que han encontrado un nuevo propósito después de los 50 años:

Marta, 55 años

Después de jubilarse como maestra, decidió convertirse en escritora. Publicó su primer libro a los 57 y ha vendido más de 10,000 copias.

Luis, 62 años

Siempre soñó con ser fotógrafo. Después de dedicarse a la contabilidad toda su vida, tomó clases de fotografía y ahora expone sus obras en galerías locales.

Ana, 53 años

Tras años trabajando en una oficina, decidió aprender a tocar el piano, cumpliendo un sueño de la infancia.

Estas historias muestran que nunca es tarde para reinventarte.

Conclusión: El Poder de Redescubrir tu Propósito

Redefinir tu propósito después de los 50 no se trata de cumplir con las expectativas de los demás; se trata de reconectar con lo que te hace sentir vivo. No importa si decides cambiar de carrera, dedicarte a un hobby o simplemente enfocarte en disfrutar más el día a día. Lo importante es que cada paso que tomes esté alineado con lo que realmente quieres para ti.

Recuerda, esta etapa es tu oportunidad para diseñar la vida que siempre has soñado. Toma las riendas, reflexiona, y permítete imaginar un futuro lleno de propósito y satisfacción. ¡El mejor momento para empezar es ahora!

Capítulo 3

Gestión de tiempo con sabiduría acumulada

Este capítulo explora cómo las personas mayores de 50 años pueden aprovechar su experiencia y sabiduría acumulada para gestionar el tiempo de manera efectiva y enriquecedora. Se aborda el valor especial del tiempo en esta etapa de la vida, enfocándose en hacer lo que verdaderamente importa. El capítulo ofrece estrategias para reconocer el poder de la experiencia, establecer prioridades conscientes, gestionar retos comunes, utilizar técnicas de organización adaptadas y aprovechar herramientas tecnológicas sencillas.

Gestión del tiempo con sabiduría acumulada

Reconociendo el poder de la experiencia

La ventaja más grande de la edad es la perspectiva. Con el paso de los años, hemos aprendido a distinguir lo que importa de lo que no. Quizás hace décadas, decir "sí" a cada compromiso o llenar la agenda era sinónimo de éxito. Hoy, sin embargo, la experiencia nos enseña que el éxito está en encontrar equilibrio y significado.

El enfoque cambia de cantidad a calidad. Por ejemplo, antes podríamos haber dedicado horas interminables a tareas triviales, mientras que ahora sabemos que una conversación profunda con un amigo cercano puede ser mucho más valiosa que completar una lista interminable de recados.

Estableciendo prioridades conscientes

El secreto de la gestión del tiempo no está en llenarlo con actividades, sino en asegurarse de que las actividades que elijamos estén alineadas con nuestros valores. Aquí es donde entra la "sabiduría acumulada". Piensa en las prioridades que tenías hace 10 o 20 años. ¿Siguen siendo las mismas? Probablemente no. Quizás ahora prefieres dedicar tiempo a tus pasiones, tus seres queridos o proyectos comunitarios.

Un ejercicio práctico:

1. Haz una lista de las actividades que consumes en un día típico.
2. Evalúa cuáles de ellas realmente te aportan satisfacción o valor a largo plazo.
3. Pregúntate: ¿qué puedo delegar, simplificar o eliminar? Ejemplo:

María, de 56 años, se dio cuenta de que estaba aceptando demasiadas responsabilidades familiares que podían delegarse. Ahora, María dedica sus mañanas a aprender pintura, algo que siempre quiso hacer, mientras delega ciertas tareas domésticas a sus hijos adultos.

Gestionando retos comunes con enfoque estratégico

Los mayores de 50 enfrentan desafíos únicos:

- Relaciones familiares: Desde cuidar a padres mayores hasta apoyar a hijos adultos, estas relaciones pueden consumir tiempo y energía. Aprende a poner límites sanos y a priorizar actividades que fortalezcan las conexiones sin desgastarte.
- Equilibrio entre trabajo y placer: Si sigues trabajando, enfócate en delegar tareas y reservar tiempo para el descanso y el disfrute.
- Contribuciones sociales: Ser voluntario o participar en proyectos comunitarios puede ser muy gratificante, pero elige solo aquellos compromisos que resuenen con tus valores.

Técnicas de organización adaptadas a esta etapa

El poder de listas simples y efectivas

Las listas de tareas son una herramienta clásica, pero a esta edad, su enfoque debe ser más minimalista. En lugar de escribir decenas de pendientes, limita tu lista a un máximo de 5 prioridades diarias. Esto reduce la sobrecarga mental y te permite concentrarte en lo esencial.

Truco rápido:

- Usa la técnica de las "tres prioridades": escribe tres tareas importantes al inicio del día y comprométete a completarlas antes de agregar algo más.

Evitando interrupciones con empatía

La concentración puede ser un desafío en esta etapa, especialmente si las interrupciones provienen de seres queridos. Aquí no se trata de eliminar las interrupciones, sino de manejarlas con empatía. Por ejemplo:

- Si tus nietos te interrumpen mientras trabajas en un proyecto, reserva bloques específicos de tiempo para estar con ellos y comunícalo claramente.

Priorizando lo que aporta valor

En esta etapa de la vida, priorizar significa pensar a largo plazo.

Pregúntate:

- ¿Qué actividades me dejan una sensación de logro o bienestar?
- ¿Cómo puedo planificar mi día para reservar tiempo para aquello que más valoro?

Uso de herramientas tecnológicas sencillas

La tecnología como aliada, no como obstáculo

La tecnología puede ser abrumadora, pero utilizada sabiamente, es una herramienta poderosa para organizarse y liberar tiempo. Lo clave es elegir herramientas simples y fáciles de usar.

Aplicaciones recomendadas para empezar:

1. Google Keep o Notion: Perfectas para listas de tareas o notas rápidas.
2. Google Calendar: Úsalo para recordar citas importantes o bloquear tiempo para tus prioridades.
3. Forest: Una app que fomenta la concentración al convertir el tiempo que pasas sin distracciones en árboles virtuales.

Ejemplo práctico:

Javier, de 62 años, estaba buscando una forma de mantener el control de sus citas médicas y reuniones familiares. Descubrió Google Calendar, que le permite agregar recordatorios con alertas.

Ahora, siente que su vida está más organizada y puede concentrarse en disfrutar sus días sin preocuparse de olvidar nada importante.

Cómo empezar con la tecnología sin complicaciones

Para evitar frustraciones:

1. Elige una sola app o herramienta y úsala consistentemente durante un mes.
2. Busca tutoriales básicos en YouTube o pídele ayuda a un familiar más joven.
3. No intentes aprenderlo todo de golpe; avanza a tu propio ritmo.

Mantén la tecnología al mínimo necesario

Es fácil caer en la tentación de descargar muchas apps, pero esto puede ser contraproducente. Elige solo aquellas que realmente te ayuden a ser más productivo. Recuerda: la clave está en simplificar, no complicar.

Conclusión: Adaptarse con flexibilidad y gratitud

La gestión del tiempo a los 50 y más es menos acerca de "hacer más" y más acerca de vivir mejor. Usa tu sabiduría acumulada para tomar decisiones conscientes, priorizar lo que realmente importa y adoptar herramientas que te faciliten la vida sin agobiarte.

Recuerda: cada día es una oportunidad para equilibrar tus responsabilidades con tus sueños, para organizarte de manera más sabia y para disfrutar plenamente de esta etapa única de la vida. ¡Tómalo con gratitud y confianza!

Capítulo 4
Aprendizaje Continuo

Este capítulo explora la importancia del aprendizaje continuo para personas mayores de 50 años. Se abordan temas como cómo aprender nuevas habilidades, recursos educativos online, desarrollo de una mentalidad de crecimiento y cómo superar obstáculos comunes. El objetivo es motivar a redescubrir el placer de aprender y proporcionar herramientas prácticas para integrar el aprendizaje continuo en la vida cotidiana.

Introducción: Nunca es Tarde para Aprender

La vida es un constante proceso de descubrimiento. Sin embargo, a menudo asociamos el aprendizaje con la juventud, olvidando que, en realidad, nunca dejamos de tener la capacidad de aprender. A los 50 años y más, el aprendizaje no solo es posible, sino que también es esencial para mantenernos mental, emocional y físicamente activos. Este capítulo tiene como objetivo motivarte a redescubrir el placer de aprender y proporcionarte herramientas prácticas para integrar el aprendizaje continuo en tu vida cotidiana.

Aprender algo nuevo no solo enriquece nuestras habilidades, sino que también nos conecta con el presente, nos ayuda a mantenernos relevantes en un mundo en constante cambio y, lo más importante, nos da una sensación de logro y propósito.

1.Cómo Aprender Nuevas Habilidades

El Poder del Aprendizaje en la Edad Madura

El aprendizaje después de los 50 no es solo un pasatiempo; es una inversión en tu bienestar. Estudios han demostrado que mantener la mente activa puede reducir el riesgo de enfermedades como el Alzheimer, mejorar la memoria y aumentar la agudeza mental. Además, aprender nuevas habilidades mejora la autoestima y aporta una mayor satisfacción personal.

Por ejemplo, Marta, de 62 años, descubrió que aprender a pintar le dio una nueva forma de expresarse y la ayudó a superar momentos de soledad después de la jubilación. Ahora, sus cuadros decoran las casas de sus hijos y amigos, y ella se siente más conectada consigo misma y con los demás.

Cómo Elegir Qué Aprender

El primer paso para iniciar este viaje es decidir qué quieres aprender. Algunas preguntas que pueden ayudarte a identificar tus intereses son:

- ¿Qué actividad siempre te ha intrigado pero nunca intentaste?
- ¿Qué habilidad podría mejorar tu vida diaria o darte más independencia?
- ¿Qué temas te apasionan y te gustaría explorar más profundamente?

Piensa también en actividades que puedan combinarse con tus intereses actuales. Si disfrutas cocinar, ¿por qué no aprender sobre gastronomía de diferentes culturas? Si amas viajar, tal vez aprender un nuevo idioma podría enriquecer tus experiencias.

Establece Metas Realistas

Una vez que hayas elegido una habilidad o tema, establece metas pequeñas y alcanzables. En lugar de decir "quiero aprender inglés", intenta definir metas más específicas, como "quiero poder presentarme en inglés dentro de un mes".

La clave está en dividir el aprendizaje en pasos manejables. Esto no solo hace que el proceso sea menos abrumador, sino que también te permite celebrar cada pequeño logro, lo cual es una gran fuente de motivación.

Aprender en Comunidad

El aprendizaje no tiene por qué ser solitario. Muchas personas encuentran inspiración y apoyo al unirse a grupos de interés o clases locales. Por ejemplo, Juan, de 55 años, se unió a un club de jardinería después de años de querer cultivar sus propias flores. No solo aprendió técnicas prácticas, sino que también hizo nuevos amigos con quienes compartir su pasión.

2.Recursos Educativos Online para Mayores de 50 Años
Explorando el Mundo Digital

La tecnología ha eliminado las barreras del tiempo y el espacio, abriendo un mundo de recursos educativos al alcance de un clic. Si bien esto puede parecer abrumador al principio, las plataformas digitales están diseñadas para ser accesibles incluso para principiantes.

Plataformas Recomendadas

Aquí tienes una lista de plataformas ideales para mayores de 50 años:

1. Coursera y edX: Estas plataformas ofrecen cursos de universidades reconocidas. Puedes explorar temas como historia, arte, ciencia o negocios.
2. YouTube: Una opción gratuita con tutoriales sobre prácticamente cualquier tema, desde yoga para principiantes hasta reparaciones caseras.
3. Duolingo: Perfecto para aprender idiomas de forma sencilla y divertida.
4. Khan Academy: Ideal para aprender temas académicos o habilidades prácticas como finanzas personales.
5. Udemy: Ofrece cursos a precios accesibles sobre habilidades prácticas, desde fotografía hasta cocina.

Cómo Elegir el Curso Adecuado

Al evaluar un recurso educativo, ten en cuenta:

- Nivel de dificultad: Asegúrate de que sea adecuado para principiantes si estás explorando algo por primera vez.
- Duración y flexibilidad: Opta por cursos que se adapten a tu ritmo.
- Costo: Muchos recursos gratuitos son igual de valiosos que los pagos.

Por ejemplo, Carmen, de 60 años, quería aprender a usar su smartphone de manera más efectiva.

Inscribirse en un curso gratuito en Udemy le permitió no solo dominar su teléfono, sino también descubrir nuevas aplicaciones para facilitar su día a día.

3.Desarrollo de una Mentalidad de Crecimiento para Mayores de 50 Años

¿Qué es una Mentalidad de Crecimiento?

Una mentalidad de crecimiento es la creencia de que siempre podemos mejorar nuestras habilidades y conocimientos con esfuerzo y práctica. Esta forma de pensar es esencial para superar los desafíos y mantenernos motivados.

Cómo Cultivar esta Mentalidad

1. Practica la curiosidad: Pregunta "¿y si lo intento?" en lugar de pensar "no puedo hacerlo".
2. Aprende de los errores: Cada error es una lección. No temas equivocarte; forma parte del proceso.
3. Celebra los avances: Reconoce incluso los pequeños progresos, como entender un concepto o completar un ejercicio.

Por ejemplo, Andrés, de 67 años, siempre había creído que era "malo con la tecnología". Sin embargo, al aceptar sus errores como parte del aprendizaje, logró dominar el uso de su computadora para conectarse con sus nietos mediante videollamadas.

Superando Obstáculos Comunes

Uno de los mayores retos para los mayores de 50 años es la creencia de que "es demasiado tarde". Esto no podría estar más lejos de la realidad. El cerebro humano tiene una notable capacidad para adaptarse y crecer, sin importar la edad.

Si sientes miedo o frustración, recuerda: el aprendizaje es un proceso, no un destino. La clave está en ser amable contigo mismo y disfrutar el viaje.

Conclusión: Vive el Placer de Aprender

El aprendizaje continuo no solo te mantiene activo y conectado, sino que también es una forma de enriquecer tu vida y descubrir nuevas pasiones. Cada habilidad que desarrolles es un regalo para ti mismo, una forma de reinventarte y demostrar que el aprendizaje no tiene límites de edad.

Empieza hoy mismo. El mundo está lleno de cosas maravillosas por descubrir, y tú tienes todo lo necesario para aprovecharlas. Como dijo una vez Henry Ford:

"Cualquiera que deja de aprender es viejo, ya sea a los veinte u ochenta años". ¡Nunca dejes de aprender!

Capítulo 5

Productividad en la salud mental y física

Este capítulo explora la relación fundamental entre la salud física y mental y cómo ambas influyen en la productividad, especialmente para personas mayores de 50 años. Se presentan estrategias prácticas para mantener la energía, mejorar la concentración y lograr un equilibrio saludable. El contenido abarca desde técnicas de nutrición y ejercicio hasta métodos de relajación y manejo del estrés, todo enfocado en optimizar la productividad de manera sostenible.

Introducción: Una base sólida para la productividad

A medida que avanzamos en la vida, las prioridades cambian, y también lo hacen nuestras capacidades físicas y mentales. Sin embargo, lejos de ser un obstáculo, este es un momento perfecto para redescubrir el equilibrio entre la salud física y mental, y cómo este afecta nuestra productividad diaria. Este capítulo está diseñado para brindarte estrategias prácticas y motivadoras que te permitirán cuidar de ti mismo mientras optimizas tu capacidad de concentración, energía y enfoque.

Piensa en la productividad como un sistema alimentado por dos pilares fundamentales: la salud física y la salud mental. Si uno de estos pilares falla, todo el sistema se tambalea. Pero cuando ambos están en equilibrio, las posibilidades de aprovechar al máximo cada día se multiplican.

Cómo mantener la energía: El motor de tus días
El bienestar físico y mental, un dúo inseparable

La energía no proviene solo de un buen desayuno o de una noche de sueño reparador; también depende de tu estado emocional, de cómo manejas el estrés y de las decisiones que tomas a lo largo del día. Mantener altos niveles de energía es crucial no solo para ser productivo, sino también para disfrutar lo que haces.

A los 50 años o más, es fundamental reconocer que el cuerpo y la mente trabajan en sinergia. Si descuidas uno, el otro inevitablemente sufrirá. Por ejemplo, una dieta inadecuada puede derivar en fatiga mental, mientras que el estrés crónico puede manifestarse como tensión física. La clave está en abordar ambos aspectos de forma integral.

Nutrición: Alimentos que alimentan tu productividad

Lo que comes influye directamente en cómo te sientes y qué tan bien puedes desempeñarte. Elige alimentos ricos en nutrientes, como frutas, verduras, proteínas magras y grasas saludables. Estos no solo te mantendrán satisfecho, sino que proporcionarán energía sostenida.

1 Ejemplo práctico

María, de 57 años, cambió sus desayunos de pan dulce y café por avena con frutos secos y un batido de espinacas y plátano. En cuestión de semanas, notó cómo sus mañanas se llenaban
de vitalidad, y su concentración mejoró notablemente.

Evita los picos y caídas de azúcar al limitar alimentos procesados y azúcares refinados. En su lugar, opta por carbohidratos complejos, como quinoa o arroz integral, que liberan energía de manera gradual.

Ejercicio regular: Movimiento como fuente de energía

El ejercicio es un potenciador natural de la energía. Actividades como caminar, nadar, practicar yoga suave o realizar estiramientos diarios pueden transformar no solo tu cuerpo, sino también tu mente.

1 Ejemplo inspirador

Raúl, de 62 años, empezó a caminar 20 minutos cada mañana. Estas caminatas no solo le dieron más energía, sino que también se convirtieron en un momento de introspección para organizar su día.

Descanso y sueño: La recarga esencial

Un sueño adecuado es como cargar la batería de un teléfono: si no se hace completamente, el dispositivo no funciona al máximo. Asegúrate de dormir entre siete y ocho horas por noche. Si tienes problemas para dormir, considera estas prácticas:

- Establece una rutina nocturna consistente.
- Evita las pantallas al menos una hora antes de acostarte.
- Prueba infusiones relajantes, como manzanilla o valeriana.

Manejo del estrés: Energía emocional en equilibrio

El estrés puede drenar tu energía más rápido que cualquier otra cosa. Identifica qué situaciones lo generan y busca formas de enfrentarlas. Establecer límites, priorizar tareas y reservar tiempo para ti mismo son estrategias fundamentales.

1 Caso práctico

Sofía, de 55 años, solía sentirse abrumada por su lista de pendientes. Al adoptar la técnica de "tres tareas principales por día", redujo su estrés y comenzó a sentir que tenía el control de su tiempo.

Técnicas de relajación para potenciar la concentración

Respiración consciente: Enfoca tu mente

Cuando la mente se siente dispersa, unos minutos de respiración consciente pueden hacer maravillas. Una técnica sencilla es la respiración en 4-4-4:

1. Inhala durante 4 segundos.
2. Mantén el aire durante 4 segundos.
3. Exhala lentamente durante 4 segundos. Este ejercicio puede hacerse en cualquier momento y lugar, ayudándote a reenfocar tu mente y reducir la ansiedad.

Meditación y mindfulness: La calma como herramienta productiva

Dedicar 10 minutos al día a la meditación puede mejorar drásticamente tu capacidad de concentración y reducir el estrés. No necesitas ser un experto; incluso aplicaciones o videos guiados pueden ayudarte a comenzar.

> **1** **Historia breve**
>
> Carlos, de 59 años, empezó a meditar antes de sus reuniones de trabajo. Descubrió que esto no solo lo ayudaba a mantenerse sereno, sino que también lo hacía más receptivo y enfocado.

Relajación muscular progresiva: Relajando cuerpo y mente

La relajación muscular progresiva consiste en tensar y luego relajar diferentes grupos musculares. Por ejemplo, comienza con los pies, tensa los músculos durante 5 segundos y luego relájalos. Repite el proceso subiendo hacia el cuello y los hombros.

Yoga y estiramientos simples: Flexibilidad para la mente

El yoga no solo mejora la flexibilidad física, sino que también calma la mente. Puedes empezar con posturas simples, como el "perro boca abajo" o "la postura del niño". Combínalas con una respiración consciente para amplificar los beneficios.

Ejercicios de visualización: Diseñando tu enfoque mental

Cierra los ojos e imagina un objetivo cumplido. Siente la satisfacción de haberlo logrado. Este ejercicio te motiva a mantenerte enfocado en lo que importa y a ignorar distracciones.

Estrategias adicionales para cuidar tu energía y enfoque

1 **Pequeños descansos activos**
Levántate, estira los brazos, camina un poco. Cinco minutos cada hora pueden marcar la diferencia.

2 **Mantén un diario de energía**
Anota cuándo te sientes más productivo y cuándo menos. Esto te ayudará a identificar patrones y ajustar tus actividades en consecuencia.

3 **Celebra tus logros**
Reconocer tus avances, por pequeños que sean, es clave para mantenerte motivado.

Conclusión: Un camino hacia la productividad sostenible

La productividad después de los 50 no se trata de trabajar más, sino de trabajar de manera inteligente, cuidando tu cuerpo y mente. Al incorporar estos hábitos en tu vida diaria, descubrirás no solo una mejora en tu rendimiento, sino también en tu calidad de vida.

Recuerda, cada pequeño cambio suma y, con constancia, puedes lograr más de lo que imaginas.

Este es tu momento para demostrar que la edad no es una limitación, sino una oportunidad para reinventarte.
¡Adelante!

Capítulo 6
Networking a los 50 y más allá

Este capítulo explora la importancia del networking para personas de 50 años o más, destacando cómo construir, mantener y nutrir una red de contactos significativa tanto en persona como en línea. Se enfoca en las ventajas únicas de hacer networking a esta edad, estrategias para construir relaciones profesionales, el uso de redes sociales y comunidades digitales, y cómo el networking puede contribuir al crecimiento personal. El capítulo concluye enfatizando la importancia de la calidad sobre la cantidad en las conexiones establecidas.

Por qué el Networking es crucial después de los 50

A menudo se piensa en el networking como algo reservado para jóvenes que buscan abrirse camino en el mundo laboral. Sin embargo, la verdad es que a los 50 años y más allá, el networking puede ser incluso más importante. En esta etapa, las conexiones no solo abren puertas laborales, sino que también ayudan a construir relaciones significativas que enriquecen la vida personal y profesional.

Ventajas únicas de hacer networking después de los 50

Experiencia como valor agregado

Con décadas de experiencia profesional y personal, tienes mucho que ofrecer. Tus conocimientos pueden ser el recurso que otros necesitan, ya sea en el rol de mentor, colaborador o consultor.

Redes preexistentes

A lo largo de tu vida, probablemente has conocido a muchas personas en diferentes etapas. Reavivar estas relaciones puede ser más fácil de lo que crees y puede abrir puertas inesperadas.

Perspectiva clara

A los 50, muchas personas tienen una mejor idea de lo que quieren y necesitan en sus vidas. Esto hace que las conexiones sean más genuinas y mutuamente beneficiosas.

Cómo construir relaciones profesionales

La construcción de relaciones sólidas no ocurre de la noche a la mañana; requiere tiempo, esfuerzo y autenticidad. A continuación, exploramos estrategias clave para construir y fortalecer tu red de contactos.

Networking en la vida cotidiana

El networking no siempre requiere asistir a eventos formales. A menudo, las conexiones más significativas surgen en contextos cotidianos. Considera estos ejemplos:

- Conecta con antiguos colegas: Recupera contacto con compañeros de trabajo o estudios. Una simple llamada o mensaje puede reavivar relaciones y abrir nuevas puertas.
- Participa en actividades locales: Clubes de lectura, grupos de voluntariado o talleres son excelentes oportunidades para conocer personas con intereses afines.

Caso práctico: Raúl y Ana

Raúl, de 59 años, decidió asistir a un evento local de emprendimiento para aprender más sobre negocios. Allí conoció a Ana, una emprendedora que necesitaba experiencia en logística, un área en la que Raúl era experto. Gracias a esta conexión, Raúl colaboró en el proyecto de Ana, manteniéndose activo y encontrando un nuevo propósito profesional.

Estrategias para asistir a eventos y conferencias

1. Prepárate antes del evento: Investiga quiénes asistirán y qué temas se tratarán. Esto te permitirá iniciar conversaciones relevantes.

2. Sé auténtico y accesible: Las mejores conexiones se crean desde la autenticidad. Comparte tus experiencias y escucha activamente las de los demás.

3. Haz un seguimiento después del evento: Enviar un mensaje o correo breve agradeciendo la conversación puede marcar la diferencia.

Mantén y nutre tus conexiones

La clave del networking no es solo crear conexiones, sino mantenerlas. Aquí hay algunas maneras de hacerlo:

- Recuerda fechas importantes: Felicita a tus contactos en cumpleaños o logros. Pequeños gestos generan gran impacto.
- Comparte recursos útiles: Si encuentras un artículo, libro o evento que podría interesar a alguien, no dudes en compartirlo.
- Reúnete regularmente: Una comida o café ocasional puede fortalecer la relación.

Caso práctico: Marta y el café mensual

Marta, de 62 años, comenzó a organizar reuniones informales con colegas retirados para compartir ideas y mantenerse al día. Este hábito no solo le permitió mantenerse activa, sino que le abrió oportunidades de consultoría inesperadas.

Aprovechando redes sociales y comunidades digitales

En la era digital, las redes sociales ofrecen una plataforma poderosa para conectar con personas más allá de las barreras geográficas. Si bien estas herramientas pueden parecer intimidantes al principio, su uso puede ser transformador.

Comienza con un perfil sólido

Tu perfil en plataformas como LinkedIn o Facebook es tu tarjeta de presentación en línea. Aquí tienes algunos consejos para destacarte:

1. Completa tu perfil: Incluye tu experiencia laboral, habilidades y logros destacados.
2. Utiliza una foto profesional: Una imagen clara y amigable genera confianza.
3. Escribe un titular atractivo: Destaca tu experiencia o intereses principales de manera breve.

Caso práctico: Sofía y LinkedIn

Sofía, de 56 años, creó un perfil detallado en LinkedIn destacando su experiencia como consultora de ventas. Al participar activamente en grupos de discusión, fue contactada por una empresa que necesitaba exactamente sus habilidades, logrando un contrato temporal que expandió su red profesional.

Participa en conversaciones y comunidades

Ser parte activa de grupos y comunidades en línea puede abrir puertas inesperadas. Considera estas estrategias:

- Únete a grupos relevantes: Busca comunidades que coincidan con tus intereses o industria.
- Contribuye con contenido valioso: Comparte tus conocimientos y participa en discusiones.
- Sé constante: La regularidad en tus interacciones aumenta tu visibilidad.

Etiqueta y autenticidad en redes sociales

El networking en línea tiene sus propias reglas. Aquí algunas para tener en cuenta:

Sé respetuoso y profesional

Evita comentarios impulsivos o polémicos.

Proyecta autenticidad

Comparte tus logros, pero también tus desafíos; esto te hará más humano.

No ignores los mensajes

Responde a las personas que te contacten, aunque solo sea para agradecer.

Networking para el crecimiento personal

El networking no solo se trata de conseguir empleo o proyectos. También puede ser una herramienta poderosa para el crecimiento personal:

1 **Aprende de los demás**

Las conexiones te exponen a nuevas ideas y perspectivas.

2 **Encuentra mentores o conviértete en uno**

El intercambio de conocimientos puede ser enriquecedor para ambas partes.

3 **Explora nuevas oportunidades**

Desde aprender un nuevo idioma hasta participar en una causa benéfica, tus contactos pueden inspirarte a crecer en diversas áreas.

Conclusión: Calidad sobre cantidad

En esta etapa de la vida, el networking debe centrarse en la calidad más que en la cantidad. En lugar de buscar acumular contactos, enfócate en construir relaciones genuinas y duraderas que aporten valor mutuo.

El networking no es una tarea, sino un viaje. Disfrútalo, explora nuevas oportunidades y recuerda que nunca es tarde para construir conexiones significativas que impulsen tu vida personal y profesional hacia nuevas alturas.

Capítulo 7

Tecnología como aliada

Este capítulo explora cómo la tecnología puede convertirse en una poderosa herramienta para mejorar la productividad y calidad de vida, especialmente para personas mayores de 50 años. Se abordan temas como la superación de barreras tecnológicas, aplicaciones útiles para la productividad, y consejos para integrar la tecnología en la vida diaria. El objetivo es demostrar que no es necesario ser un experto para beneficiarse de la tecnología y que ésta puede ser una aliada valiosa en diversos aspectos de la vida.

1.Superando Barreras Tecnológicas

Esta sección se enfoca en cómo superar los obstáculos iniciales que muchas personas mayores enfrentan al acercarse a la tecnología. Se abordan los prejuicios comunes y se ofrecen estrategias para vencer el miedo inicial, destacando los beneficios prácticos que la tecnología puede aportar a la vida diaria.

Prejuicios y temor inicial a la tecnología

Muchas personas mayores de 50 años comparten el sentimiento de que la tecnología "no es para ellos". Frases como "Es demasiado complicada" o "No quiero arruinar nada" son comunes, pero es importante entender que estos pensamientos son solo barreras mentales. Aprender algo nuevo puede ser desafiante, pero no imposible, y cada pequeño logro refuerza nuestra confianza.

Ejemplo motivador

María, de 62 años, pensaba que usar un smartphone era innecesario. Un día, su nieta le mostró cómo usar YouTube para buscar recetas de cocina. María pronto descubrió que podía guardar videos de su interés y compartir fotos de sus creaciones con la familia. Esta experiencia no solo le ayudó a sentirse más conectada, sino que también fortaleció su autoestima.

Beneficios prácticos y tangibles

Superar el miedo inicial a la tecnología abre las puertas a una serie de beneficios concretos:

- Mejor organización personal.
- Comunicación más rápida y efectiva con familiares y amigos.
- Acceso a recursos educativos que pueden enriquecer la vida diaria.
- Control más eficiente sobre finanzas y otras responsabilidades.

Primeros pasos en el uso de tecnología

1. Empieza con dispositivos básicos: Si te sientes incómodo con un ordenador, prueba con un smartphone o tableta. Suelen ser más intuitivos.

2. Explora una herramienta a la vez: En lugar de intentar aprender varias aplicaciones al mismo tiempo, enfócate en una. Por ejemplo, empieza con WhatsApp para enviar mensajes.

3. Pide ayuda: Familiares y amigos suelen estar encantados de ayudarte a dar los primeros pasos. No tengas miedo de preguntar.

Consejo clave: La paciencia es esencial. No te compares con otras personas; cada uno tiene su ritmo.

2.Aplicaciones útiles para la productividad

Esta sección presenta una variedad de aplicaciones diseñadas para mejorar la productividad y facilitar la vida diaria. Se cubren herramientas para la organización, manejo del tiempo, educación continuada y comunicación, todas ellas seleccionadas por su facilidad de uso y beneficios prácticos para usuarios de todas las edades.

Organización y toma de notas

Las aplicaciones de notas y listas son herramientas simples pero increíblemente efectivas para organizar tus pensamientos, tareas y proyectos personales. Aquí tienes algunas opciones fáciles de usar:

Google Keep

Perfecta para crear listas de tareas, notas rápidas e incluso guardar ideas con colores y recordatorios.

Evernote

Ideal para quienes necesitan algo más robusto, con funciones como guardar artículos de internet o escanear documentos.

Microsoft OneNote

Similar a Evernote, pero gratuito y con una interfaz amigable.

Ejemplo práctico

Ana, de 55 años, utiliza Google Keep para hacer su lista de compras semanal. Lo que antes era un papel que siempre perdía, ahora está en su teléfono, accesible en cualquier momento.

Manejo del tiempo y recordatorios

Las agendas y los recordatorios digitales son aliados increíbles para asegurarte de que no se te pase ninguna tarea importante:

Google Calendar

Útil para agendar citas médicas, eventos familiares y hasta horarios de ejercicio. Además, puedes compartirlo con otros.

Todoist

Permite desglosar proyectos en tareas más pequeñas y establecer recordatorios para cada una.

Trello

Ideal si manejas varios proyectos a la vez. Sus tableros visuales te ayudan a organizar tareas de forma clara.

Ejemplo práctico

Pedro, de 58 años, empezó a usar Google Calendar después de olvidar una cita médica importante. Ahora, todas sus citas, recordatorios de medicamentos y reuniones con amigos están perfectamente organizados.

Educación continuada y aprendizaje

Nunca es tarde para aprender algo nuevo, y estas aplicaciones lo hacen más accesible que nunca:

Duolingo

Aprende un idioma de forma divertida y a tu ritmo.

Udemy

Encuentra cursos sobre casi cualquier tema, desde jardinería hasta finanzas personales.

YouTube

Una fuente infinita de tutoriales gratuitos para aprender manualidades, ejercicios o incluso técnicas de relajación.

Ejemplo práctico

Carlos, de 60 años, siempre quiso aprender guitarra. Descubrió un curso en YouTube que lo guiaba paso a paso y ahora practica 30 minutos diarios, lo que le ha traído una gran satisfacción personal.

Comunicación y redes de apoyo

Mantenerte conectado con tus seres queridos y encontrar nuevas comunidades es más fácil que nunca:

W hatsApp

Envío de mensajes, fotos y videos de forma sencilla.

Skype o Zoom

Perfectos para videollamadas con amigos o familiares que viven lejos.

Facebook Groups

Una excelente manera de unirte a comunidades de interés, desde jardinería hasta clubes de lectura.

Ejemplo práctico

Rosa, de 65 años, vive lejos de sus nietos. Aprendió a usar Zoom y ahora disfruta de videollamadas semanales con ellos, sintiéndose más cerca pese a la distancia.

3.Consejos finales para integrar la tecnología en tu vida

- Hazlo parte de tu rutina: Dedica unos minutos al día a explorar una aplicación o funcionalidad nueva.
- No temas cometer errores: Equivocarte es parte del aprendizaje. La mayoría de las aplicaciones están diseñadas para ser intuitivas y corregibles.
- Busca soporte: Hay tutoriales en YouTube y comunidades en línea dedicadas a ayudar a principiantes. ¡No estás solo!

Reflexión final

La tecnología no es un enemigo ni un desafío imposible; es una herramienta poderosa que, bien utilizada, puede facilitar tu vida y conectarte con lo que más importa. Atrévete a dar el primer paso, porque el viaje hacia una vida más productiva y enriquecedora comienza con un clic.

Capítulo 8
Administración Financiera Eficiente

Este capítulo está diseñado para ayudar a los lectores a partir de los 50 años a organizar sus finanzas, establecer metas realistas y tomar decisiones informadas sobre su dinero. A lo largo de estas páginas, exploraremos herramientas, estrategias y hábitos que pueden marcar una diferencia significativa en la administración financiera, garantizando una calidad de vida tranquila y estable. Se abordarán temas como el conocimiento de la situación financiera actual, la creación de presupuestos, estrategias de ahorro, planificación para el futuro y la jubilación, así como la importancia de los pequeños cambios constantes.

El Punto de Partida: Conociendo tu Situación Financiera

El primer paso para administrar tus finanzas de manera eficiente es comprender exactamente dónde te encuentras. ¿Cuáles son tus ingresos mensuales? ¿Cuánto gastas y en qué? Aunque estas preguntas puedan parecer simples, muchas personas evitan enfrentarlas. Sin embargo, es crucial para avanzar.

Comprensión de Ingresos y Gastos

Llevar un registro de ingresos y gastos te permite identificar patrones y tomar decisiones más conscientes. Teresa, de 55 años, descubrió que gastaba una suma significativa en pequeñas compras diarias, como cafés y snacks. Al registrar esos gastos durante un mes, se dio cuenta de que podía ahorrar fácilmente 1,500 pesos mensuales simplemente ajustando estos hábitos. Ahora, usa ese dinero para disfrutar vacaciones con sus nietos.

Consejo práctico: Haz un inventario financiero

- Lista tus ingresos fijos y variables. Incluye salarios, pensiones, rentas y cualquier otra entrada de dinero.
- Registra tus gastos durante 30 días. Utiliza un cuaderno, una aplicación sencilla o una hoja de cálculo. Categorizarlos te ayudará a ver en qué áreas puedes reducir costos.

Presupuesto Personal: Tu Mapa Financiero

Un presupuesto es como un GPS para tus finanzas: te muestra hacia dónde va tu dinero y cómo puedes redirigirlo para alcanzar tus metas. No necesitas ser un experto en números; lo importante es mantenerlo simple y consistente.

Cómo Crear un Presupuesto Personal

1. Divide tus ingresos en tres categorías principales:
   - Gastos esenciales: alquiler, alimentos, transporte, servicios básicos.
   - Gastos discrecionales: entretenimiento, hobbies, regalos.
   - Ahorros e inversión: al menos el 10-20% de tus ingresos, si es posible.
2. Utiliza herramientas simples. Aplicaciones como YNAB (You Need a Budget) o Mint pueden facilitar el proceso. Si prefieres algo más tradicional, una libreta o una plantilla básica en Excel también funcionan perfectamente.

Estrategias para Optimizar tu Presupuesto

- Evita los gastos impulsivos. Antes de realizar una compra, pregúntate: "¿Esto es necesario o puedo prescindir de ello?"
- Negocia tus facturas. A menudo, puedes reducir costos en servicios como internet, electricidad o seguros simplemente llamando a tu proveedor y explorando opciones más económicas.

Estrategias de Ahorro que Funcionan

Ahorrar no significa sacrificar todo lo que disfrutas, sino priorizar lo que realmente importa. Aquí hay estrategias prácticas para empezar:

- Reto de las 52 semanas: Ahorra una cantidad creciente cada semana, comenzando con 10 pesos. Al final del año, tendrás una suma significativa sin sentir el esfuerzo.
- Compra planificada: Haz listas antes de ir al supermercado y evita ir con hambre; estas pequeñas acciones pueden reducir tus gastos considerablemente.

Planificación para el Futuro

Nunca es demasiado tarde para comenzar a planificar tus metas financieras. Tener objetivos claros te ayudará a mantener el enfoque y a motivarte en el proceso.

Metas Financieras Realistas

Diferencia tus metas según el plazo:

1   **Corto plazo (1-2 años)**
Ahorrar para un viaje, pagar deudas pequeñas o crear un fondo de emergencia.

2   **Mediano plazo (3-5 años)**
Comprar un bien, financiar la educación de un nieto o renovar tu hogar.

3   **Largo plazo (5+ años)**
Planificar tu jubilación, invertir en propiedades o aumentar tu fondo de ahorros.

Ejemplo Inspirador: Roberto

Roberto, de 60 años, pensaba que ya era tarde para planificar su jubilación. Sin embargo, al separar una pequeña parte de su pensión mensual, logró invertir en fondos de bajo riesgo. Con el tiempo, esta inversión generó una renta adicional que ahora usa para disfrutar sus pasatiempos favoritos.

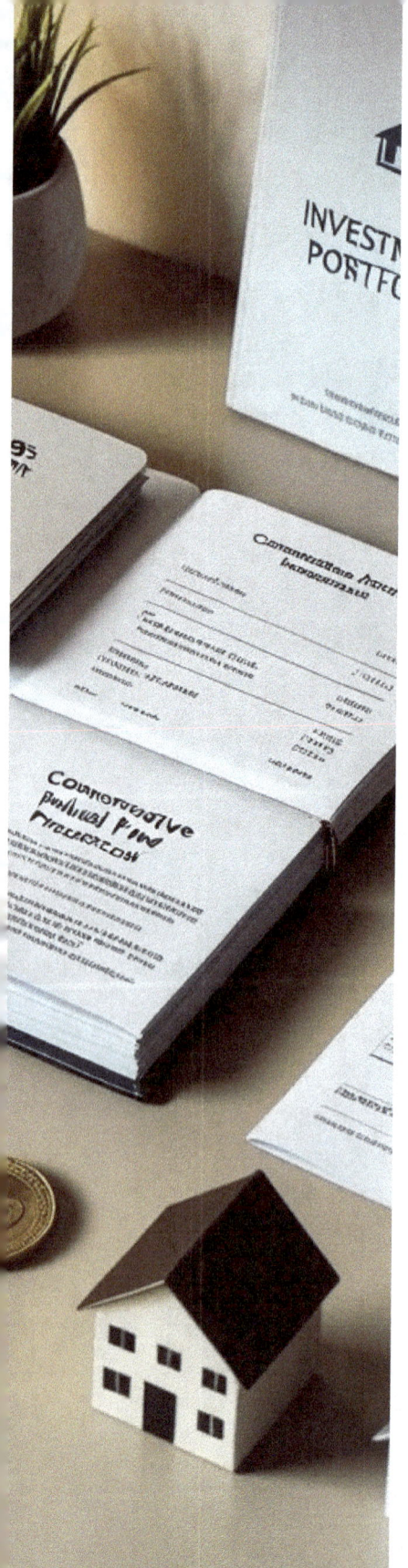

Inversiones Simples y Seguras

A partir de los 50, es importante priorizar inversiones con bajo riesgo y alta estabilidad. Algunas opciones incluyen:

Cuentas de ahorro a plazos

Ofrecen rendimientos moderados pero seguros.

Fondos de inversión conservadores

Diseñados para proteger el capital mientras generan ingresos pasivos.

Propiedades pequeñas

Si tienes capital suficiente, invertir en bienes raíces puede ser una excelente forma de diversificar tu portafolio.

Planificación para la Jubilación

La jubilación es una etapa para disfrutar, no para preocuparse por el dinero. Si aún no has comenzado a planificar, nunca es tarde. Aquí hay algunas acciones concretas:

1. Consulta a un asesor financiero. Te ayudará a evaluar tu situación y a diseñar un plan acorde a tus necesidades.
2. Reduce deudas innecesarias. Prioriza el pago de tarjetas de crédito o préstamos con intereses altos.
3. Adapta tu estilo de vida. Considera mudarte a un lugar más económico o simplificar tus gastos si es necesario.

El Poder de los Pequeños Cambios

El éxito en la administración financiera no se trata de hacer cambios drásticos, sino de implementar pequeñas mejoras de forma constante. Estas acciones, acumuladas con el tiempo, pueden transformar tu vida:

☐ Registra tus gastos regularmente

☐ Revisa y ajusta tu presupuesto cada mes

☐ Celebra tus logros

Por pequeños que sean. Cada peso ahorrado o invertido es un paso hacia un futuro más seguro.

Reflexión Final

La administración financiera eficiente no solo mejora tu economía, sino que también reduce el estrés y aumenta tu confianza. Recuerda que cada decisión cuenta, y siempre es un buen momento para tomar el control de tus finanzas. ¡Comienza hoy mismo y disfruta de los frutos de tus esfuerzos en los años por venir!

Capítulo 9

Creatividad como herramienta de productividad

Este documento explora cómo la creatividad puede convertirse en una poderosa herramienta para incrementar la productividad, resolver problemas de manera innovadora y mantenerse activo mental y emocionalmente, especialmente para personas mayores de 50 años. Se abordan estrategias para desarrollar proyectos creativos y se presentan ejemplos inspiradores que demuestran el impacto positivo de la creatividad en la vida de adultos mayores.

Desarrollando proyectos creativos

La creatividad no se limita a las artes. Aunque escribir, pintar o tocar un instrumento musical son expresiones maravillosas de creatividad, también podemos ser creativos al organizar nuestro hogar, resolver un problema en el trabajo, diseñar una actividad para la familia o emprender un nuevo negocio. A continuación, veremos cómo puedes desarrollar proyectos creativos, sin importar tu experiencia previa.

Identifica tu pasión o interés

Preguntas clave
¿Qué actividad o tema siempre te ha llamado la atención pero nunca exploraste por falta de tiempo?

Problemas a resolver
¿Qué problema recurrente podrías resolver de una manera única?

Habilidades a desarrollar
¿Qué habilidad te gustaría desarrollar o perfeccionar?

Por ejemplo, si siempre te ha fascinado la jardinería, podrías empezar un proyecto relacionado, como diseñar un pequeño huerto urbano. Si disfrutas la escritura, quizá es hora de iniciar un blog o escribir cuentos para tus nietos.

Define un objetivo claro

Una vez identificado tu interés, es importante establecer un propósito para tu proyecto. Esto le dará dirección y significado. Por ejemplo:

- Si tu interés es la cocina, tu objetivo podría ser crear un recetario con platillos saludables para mayores de 50 años.
- Si te interesa la fotografía, podrías proponerte capturar imágenes que cuenten historias de tu comunidad.

Establecer metas específicas y alcanzables te mantendrá motivado. Recuerda que el objetivo no tiene que ser monumental; lo importante es que sea algo que despierte tu entusiasmo.

Crea un plan de acción

Para convertir una idea en un proyecto concreto, necesitas estructurar tu tiempo y recursos. Aquí algunos pasos clave:

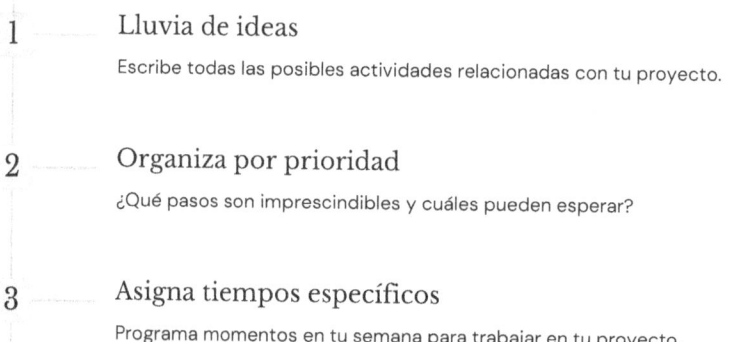

1   **Lluvia de ideas**
Escribe todas las posibles actividades relacionadas con tu proyecto.

2   **Organiza por prioridad**
¿Qué pasos son imprescindibles y cuáles pueden esperar?

3   **Asigna tiempos específicos**
Programa momentos en tu semana para trabajar en tu proyecto.

Un ejemplo: si deseas pintar un mural en tu jardín, podrías dedicar las primeras semanas a elegir el diseño y adquirir materiales. Luego, reservar un par de horas semanales para pintar.

Rodéate de inspiración

Rodearte de elementos inspiradores puede estimular tu creatividad:

Fuentes de conocimiento

Lee libros, mira documentales o escucha podcasts sobre temas relacionados con tu proyecto.

Comunidad creativa

Únete a comunidades o grupos en línea donde personas con intereses similares compartan ideas.

Lugares inspiradores

Visita lugares que te inspiren, como museos, mercados locales o la naturaleza.

La inspiración es la chispa que mantiene viva la creatividad, y nunca es tarde para encontrarla.

Acepta el aprendizaje continuo

Uno de los aspectos más valiosos de emprender un proyecto creativo es la oportunidad de aprender algo nuevo. No te preocupes si cometes errores o si el proceso no es perfecto; cada experiencia es un paso hacia el crecimiento personal.

Si decides, por ejemplo, aprender a tocar un instrumento musical, al principio puede parecer difícil. Sin embargo, cada lección que practiques te llevará más cerca de tus metas, y cada pequeño logro será motivo de celebración.

Ejemplos inspiradores

A menudo, una de las mejores maneras de motivarnos a desarrollar nuestra creatividad es observar a otras personas que han seguido este camino. A continuación, te presento ejemplos de personas mayores de 50 años que han utilizado su creatividad para transformar su vida y la de los demás.

La escritora tardía

Julia Cameron, autora del famoso libro El camino del artista, comenzó su carrera como escritora y mentora creativa después de los 50 años.

El emprendedor artístico

Carlos, un hombre de 58 años, comenzó a vender sus obras de pintura acrílica en ferias locales y en línea tras jubilarse.

La innovadora comunitaria

Ana, una mujer de 62 años, lideró un proyecto para transformar un terreno abandonado en un jardín vecinal.

El narrador digital

Luis, de 55 años, aprendió a crear videos cortos para compartir sus cuentos en redes sociales.

Reflexión final

La creatividad no tiene fecha de caducidad. Al contrario, puede florecer en cualquier etapa de la vida si le damos el espacio y la atención que merece.

Desarrollar proyectos creativos no solo nos mantiene productivos, sino que también nos conecta con nuestra esencia, nos da propósito y nos ayuda a construir un legado único.

Ya sea que decidas escribir, pintar, emprender o liderar un proyecto comunitario, recuerda que el primer paso es el más importante. No importa la magnitud del proyecto; lo que realmente cuenta es tu compromiso con el proceso creativo. Así que, ¿por qué no comenzar hoy? Quizá tu próximo gran proyecto está a solo una idea de distancia.

Capítulo 10

Estilo de Vida Productivo y Balanceado

La productividad no se mide únicamente por cuánto trabajamos o cuántas tareas logramos completar en un día. En la etapa de la vida después de los 50 años, el verdadero reto radica en encontrar un equilibrio entre nuestras responsabilidades, nuestra salud física y emocional, y el disfrute personal.

Este capítulo te guiará en el diseño de un estilo de vida que combine productividad con bienestar, proporcionándote herramientas prácticas para establecer rutinas equilibradas y descubrir hobbies que impulsen tu crecimiento personal y profesional.

Diseñando Rutinas Diarias Equilibradas

Una rutina diaria bien diseñada no solo facilita cumplir con nuestras responsabilidades, sino que también promueve el bienestar y la paz mental. Sin embargo, encontrar ese balance ideal requiere introspección, planificación y ajustes constantes.

Identificación de Componentes Esenciales de la Rutina

Para crear una rutina diaria equilibrada, es esencial incluir actividades que alimenten distintos aspectos de tu vida. Aquí hay componentes clave que puedes integrar:

Cuidado físico

El ejercicio no solo mejora tu salud, sino que también aumenta tu energía y concentración. Esto no significa pasar horas en el gimnasio; actividades como una caminata matutina, yoga suave o natación pueden ser igual de beneficiosas.

Trabajo enfocado

Dedica bloques de tiempo a las tareas más importantes de tu día. Utiliza técnicas como el método Pomodoro o la regla de los 90 minutos para trabajar de manera más eficiente.

Descanso activo

Incorpora pausas para relajarte, estirarte o simplemente desconectarte. Estas pausas son esenciales para evitar el agotamiento.

Interacción social

Conversar con un amigo, compartir tiempo con la familia o participar en actividades comunitarias puede enriquecer tu vida emocional.

Ocio creativo

Reserva tiempo para un hobby o actividad que disfrutes. Esto no solo te rejuvenecerá mentalmente, sino que también aumentará tu motivación y creatividad.

Ejemplo de Rutina Diaria Equilibrada

María, de 55 años, organiza su día de la siguiente manera:

1 **6:30 am**

Caminata matutina de 30 minutos seguida de un desayuno nutritivo.

2 **7:30 am - 10:30 am**

Trabajo enfocado en sus proyectos laborales.

3 **10:30 am - 11:00 am**

Pausa activa para estiramientos y una taza de té.

4 **11:00 am - 1:00 pm**

Continuación de sus tareas profesionales más importantes.

5 **1:00 pm - 2:00 pm**

Almuerzo tranquilo con tiempo para leer.

6 **2:00 pm - 4:00 pm**

Actividad creativa, como jardinería o pintura.

7 **4:00 pm - 5:00 pm**

Tiempo para llamadas o actividades sociales.

8 **6:00 pm**

Cena ligera seguida de una breve sesión de meditación.

Consejos para Crear Espacios para el Bienestar

El bienestar no surge automáticamente; requiere intención y práctica. Aquí tienes algunas recomendaciones:

Establece límites claros

Aprende a decir no a compromisos innecesarios. Valora tu tiempo y energía.

Integra descansos programados

Incluso si te sientes productivo, respeta las pausas. Tu mente lo agradecerá.

Crea un espacio personal

Un rincón tranquilo en tu hogar puede ser un refugio ideal para reflexionar, meditar o leer.

Estrategias para Ajustar la Rutina Según Necesidades

Nuestras vidas cambian, y nuestras rutinas deben adaptarse. Revisa tu rutina cada mes con estas preguntas:

- ¿Me siento satisfecho con el equilibrio entre trabajo, descanso y ocio?
- ¿Hay algo que necesite más atención o que deba reducir?
- ¿Estoy logrando mis objetivos personales y profesionales?

Hobbies que Impulsan la Productividad

Los hobbies son mucho más que simples actividades recreativas; pueden ser una fuente de energía, inspiración y desarrollo personal. Elegir el hobby adecuado puede mejorar significativamente tu calidad de vida y productividad.

Identificación de Hobbies Productivos

Los mejores hobbies para fomentar la productividad son aquellos que equilibran el disfrute con el aprendizaje y el bienestar. Algunos ejemplos incluyen:

Artísticos

Pintura, escritura, música o fotografía. Estas actividades fomentan la creatividad y reducen el estrés.

Deportivos

Caminatas, ciclismo o yoga ayudan a mantenerte activo físicamente mientras aclaras tu mente.

Mentales

Juegos de estrategia como el ajedrez o actividades como la lectura y los rompecabezas mejoran la concentración y el pensamiento crítico.

Ejemplo Inspirador y Hobbies como Vías de Autorreflexión

Juan, de 60 años, descubrió la carpintería como hobby durante su jubilación. Al principio, solo quería arreglar pequeños muebles en casa, pero pronto encontró en esta actividad una forma de meditar activamente. La carpintería le ayudó a cultivar paciencia y precisión, habilidades que luego aplicó para organizar mejor su día a día.

Los hobbies también pueden ser una herramienta para explorar quiénes somos y hacia dónde queremos ir. Dedicar tiempo a estas actividades te permite desconectar del ritmo acelerado de la vida y reflexionar sobre tus prioridades. Por ejemplo, la jardinería no solo embellece el entorno, sino que también enseña lecciones sobre paciencia, crecimiento y renovación. Así, cada hobby tiene el potencial de enriquecer tu perspectiva de vida.

Consejos para Integrar Hobbies Sin Sentir Culpa de Inactividad

Es común que las personas sientan culpa por dedicar tiempo a actividades no directamente relacionadas con el trabajo o las responsabilidades. Sin embargo, los hobbies son una inversión en tu bienestar.

- Cambia tu mentalidad: Considera los hobbies como una forma de recargar energías. Un descanso productivo es tan importante como el esfuerzo constante.
- Elige calidad sobre cantidad: No necesitas practicar cinco hobbies diferentes; uno o dos que realmente disfrutes serán suficientes.
- Comienza con pequeños pasos: Dedica solo 15 minutos al día a tu hobby elegido y aumenta gradualmente el tiempo según lo desees.

Conclusión

Un estilo de vida productivo y balanceado no se trata de cumplir con una rutina rígida o de trabajar sin descanso. Se trata de armonizar las actividades que te inspiran, te energizan y te ayudan a crecer. Diseñar tu rutina diaria y elegir hobbies adecuados son dos pasos fundamentales para alcanzar este equilibrio.

Recuerda que no existe un modelo único. Adapta estas ideas a tus necesidades, intereses y circunstancias. Con el tiempo, descubrirás que este enfoque no solo mejora tu productividad, sino que también añade significado y satisfacción a tu vida diaria. ¿Listo para comenzar este viaje hacia una vida más plena y equilibrada? ¡El mejor momento para empezar es ahora!

Capítulo 11

Historias de éxito a partir de los 50

La vida no termina a los 50, ni mucho menos. Es un momento lleno de oportunidades para reinventarse, descubrir nuevos caminos y alcanzar metas que parecían inalcanzables. A través de este capítulo, exploraremos historias reales y ejemplos inspiradores de personas que lograron el éxito después de los 50 años. No se trata solo de logros profesionales, sino también de crecimiento personal, resiliencia y propósito renovado.

1.Estudios de Caso Inspiradores

1.1. María y el arte de reinventarse: De asistente administrativa a artista ceramista

María tenía 52 años cuando la empresa para la que trabajó durante más de tres décadas cerró sus puertas. En lugar de caer en la desesperación, decidió que era momento de redescubrirse. Desde joven, siempre había sentido fascinación por el arte de la cerámica, pero nunca había tenido tiempo para explorar ese interés.

Con sus ahorros, se inscribió en un curso de cerámica artesanal en su ciudad. Al principio, sus amigos y familiares no entendían su decisión; incluso algunos la desalentaron argumentando que era demasiado tarde para comenzar un negocio propio. Sin embargo, María persistió. Cinco años después, a sus 57 años, María lidera "Manos de Barro", un exitoso taller de cerámica donde crea vajillas personalizadas. Sus productos no solo le han permitido recuperar su estabilidad económica, sino también hallar un propósito que llena su vida de satisfacción. Hoy, María no se considera únicamente una empresaria, sino también una artista.

Lección clave: Nunca es tarde para convertir una pasión en una oportunidad. Los talentos y hobbies que dejamos en pausa pueden convertirse en una fuente de ingresos y felicidad.

1.2. Juan y su maratón personal: Transformando su salud y autoestima

Juan tenía 55 años cuando el médico le advirtió que debía hacer un cambio radical en su estilo de vida. Su presión arterial estaba por las nubes, sufría de sobrepeso y apenas podía subir las escaleras de su casa sin sentirse agotado. En sus palabras: "Sentí que el mundo se me venía encima".

En lugar de rendirse, Juan decidió que su segunda mitad de vida sería diferente. Comenzó caminando por las mañanas en el parque cercano. Luego, aumentó el ritmo y la distancia. A los 58 años, participó en su primer maratón de 5 kilómetros. Dos años después, corrió su primera media maratón. Hoy, a sus 62 años, Juan es un ferviente promotor del deporte para mayores de 50. Asegura que no solo transformó su salud física, sino también su autoestima y mentalidad. Su historia inspira a otros a priorizar su bienestar y demuestra que nunca es tarde para empezar. Lección clave: Los pequeños pasos pueden llevarnos a cambios gigantes. La clave está en la consistencia y el deseo de mejorar.

2.Entrevistas a Personas que Destacaron Después de los 50

2.1. Clara, autora tardía: Cómo una abuela se convirtió en escritora best-seller

A los 60 años, Clara sentía que había alcanzado una etapa tranquila de su vida: estaba jubilada, disfrutaba de su tiempo con sus nietos y cuidaba de su jardín. Sin embargo, siempre sintió una espinita: escribir. Desde joven, Clara había escrito cuentos breves, pero nunca se atrevió a mostrárselos a nadie.

Un día, por insistencia de su nieta mayor, Clara decidió autopublicar su primer libro en una plataforma digital. Para su sorpresa, sus historias comenzaron a ganar popularidad. En menos de dos años, Clara se convirtió en una autora reconocida dentro del género de cuentos infantiles. En la entrevista, Clara comparte su experiencia:

"Al principio sentía miedo. Pensaba que nadie querría leer algo escrito por una mujer de mi edad. Pero aprendí que el talento y la creatividad no tienen fecha de caducidad. Si tienes algo que contar, hazlo, sin importar tu edad."

Consejo práctico: No temas al juicio de los demás. El mundo está lleno de oportunidades para expresar tus talentos, y hoy, con herramientas digitales, es más fácil que nunca compartirlos.

2.2. Eduardo y la sostenibilidad: Emprendiendo en favor del planeta

Eduardo tenía 54 años cuando decidió dejar su puesto como gerente en una gran corporación. Estaba cansado del estrés y del impacto ambiental que veía en las operaciones de su empresa. En lugar de seguir en ese camino, optó por algo más audaz: iniciar un proyecto de reciclaje en su comunidad.

Hoy, a sus 61 años, Eduardo es el fundador de una empresa que convierte desechos plásticos en material para construcción. En la entrevista, comparte los obstáculos que enfrentó, desde la falta de financiamiento inicial hasta las críticas de quienes no creían en su proyecto. "El éxito no es algo inmediato ni sencillo. Pero lo que aprendí es que, si trabajas por algo que te apasiona, el esfuerzo vale la pena. Ver el impacto positivo que mi empresa tiene en el medio ambiente es mi mayor recompensa." Consejo práctico: Encuentra un propósito que trascienda tus propias necesidades. Cuando trabajas por algo que beneficia a otros o al planeta, tu motivación crece exponencialmente.

3.Reflexiones Finales: Nunca es Tarde para Brillar

Las historias que hemos compartido en este capítulo tienen algo en común: cada una de estas personas enfrentó desafíos, pero también encontró una oportunidad para transformar su vida después de los 50. Ya sea a través de una reinvención profesional, el descubrimiento de un talento oculto o la adopción de un nuevo propósito, demostraron que la edad no es un límite, sino una etapa llena de posibilidades.

Llamado a la acción para los lectores:
Piensa en aquello que siempre has querido hacer y no has intentado. Quizás sea hora de aprender esa habilidad, iniciar ese negocio, escribir ese libro o simplemente cuidar mejor de tu salud. Toma inspiración de estas historias y crea la tuya. No importa dónde estés ahora, siempre hay un camino hacia un futuro más pleno y significativo.

Capítulo 12

Cerrando con broche de oro

Este capítulo final consolida todo lo aprendido sobre productividad después de los 50 años. Ofrece un resumen práctico de los conceptos clave, ejercicios para consolidar el aprendizaje y reflexiones sobre el viaje personal. Se enfatiza que la productividad es un proceso continuo y se brindan herramientas para seguir adelante con confianza.

Introducción: El cierre de un nuevo comienzo

¡Felicidades! Llegar hasta este punto demuestra tu compromiso y determinación por mejorar tu productividad y alcanzar una vida más plena después de los 50 años. Este capítulo no es solo un final, sino una puerta abierta hacia una etapa llena de posibilidades. Aquí consolidaremos todo lo aprendido, revisaremos los conceptos clave y, lo más importante, te daremos herramientas prácticas para que sigas adelante con confianza.

Recuerda: la productividad no es un destino, sino un proceso continuo. Los hábitos que construyas, las estrategias que apliques y las reflexiones que hagas en el camino son las que marcarán la diferencia.

Este es tu momento para cerrar con broche de oro.

1.Resumen práctico: Una mirada integral a tu viaje

Revisión de los conceptos clave

A lo largo de este libro, hemos explorado diversas estrategias y reflexiones diseñadas para potenciar tu productividad. Aquí te presentamos un resumen de las ideas principales:

1 La mentalidad correcta

En el capítulo 1, hablamos sobre cómo nuestra percepción del tiempo y la energía cambia después de los 50. Aprendiste que adoptar una mentalidad de crecimiento es esencial para superar los prejuicios sobre la edad y descubrir nuevas oportunidades.

2 Gestión del tiempo como pilar central

En el capítulo 4 exploramos cómo priorizar lo importante y dejar de lado lo superfluo. Herramientas como la técnica del Time Blocking y la matriz de Eisenhower se convirtieron en aliados para aprovechar mejor tu día.

3 La importancia de los hábitos pequeños y sostenibles

En el capítulo 6, aprendiste que los cambios significativos comienzan con pequeños pasos. Incorporar nuevos hábitos en tu vida es la clave para construir una productividad duradera.

4 La conexión cuerpo-mente

En el capítulo 8, abordamos cómo el bienestar físico y emocional es fundamental para la productividad. Desde técnicas de respiración hasta pausas activas, aprendiste que cuidar tu cuerpo también cuida tu tiempo y energía.

5 El valor de la tecnología inteligente

En el capítulo 10, descubriste cómo la tecnología puede ser un aliado poderoso si se usa de manera consciente. Aplicaciones para la gestión del tiempo, calendarios digitales y herramientas de aprendizaje te ayudan a mantenerte organizado y actualizado.

Ejemplos prácticos de los conceptos clave

Mentalidad de crecimiento

María, quien al jubilarse pensó que su tiempo de aprendizaje había terminado, ahora dedica dos horas semanales a desarrollar habilidades digitales. Este cambio de mentalidad le permitió redescubrir su pasión por enseñar.

Time Blocking

Tomás comenzó a planificar sus semanas con el Time Blocking, lo que le permitió liberar tiempo para actividades creativas y familiares.

Hábitos sostenibles

Clara adoptó el hábito de escribir tres cosas por las que está agradecida cada mañana, transformando su perspectiva diaria y mejorando su enfoque.

Reflexión sobre tu viaje

Si miras hacia atrás, ¿cómo te sientes respecto a todo lo aprendido? Este libro ha sido tu compañero de viaje, guiándote para reconocer tu potencial y brindándote herramientas prácticas para mejorar tu productividad.

Desde redefinir tus metas hasta optimizar tu rutina diaria, cada capítulo ha sumado una pieza al rompecabezas de tu desarrollo personal.

Lo importante ahora es recordar que cada avance, por pequeño que parezca, tiene un impacto significativo. Este no es el final del camino, sino el comienzo de un ciclo de mejora continua.

2.Ejercicios finales para consolidar el aprendizaje

Los siguientes ejercicios están diseñados para ayudarte a interiorizar los conceptos del libro y traducirlos en acciones concretas. Tómate tu tiempo para completarlos y recuerda que no hay respuestas correctas o incorrectas. Lo más importante es que sean honestos y significativos para ti.

Ejercicio 1: Evaluación personal

Reflexiona sobre tu progreso desde que comenzaste este libro. Usa estas preguntas como guía:

- ¿Cuáles son las tres estrategias o técnicas que más han impactado en tu productividad? Describe cómo las has implementado.
- ¿Qué cambios positivos has notado en tu día a día?
- ¿Qué desafíos persisten y cómo planeas enfrentarlos?

Espacio para escribir:

Ejercicio 2: Establecimiento de metas a futuro

Define tres metas concretas para los próximos seis meses.

Utiliza el siguiente formato:

1. Objetivo específico: ¿Qué quieres lograr?
2. Motivación personal: ¿Por qué es importante para ti?
3. Pasos concretos: ¿Qué acciones específicas llevarás a cabo para alcanzar esta meta?
4. Plazo: ¿Cuándo planeas completar este objetivo?

Ejemplo:

- Objetivo: Dedicar 30 minutos diarios a aprender un nuevo idioma.
- Motivación: Viajar a Italia y comunicarme mejor durante mi visita.
- Pasos concretos: Descargar una aplicación de idiomas, bloquear tiempo en mi calendario cada tarde, y practicar con un amigo una vez a la semana.
- Plazo: 6 meses.

Espacio para tus metas:

Ejercicio 3: Creación de un calendario de hábitos

Diseña un calendario mensual donde puedas registrar los hábitos que deseas incorporar en tu vida. Utiliza una tabla sencilla donde incluyas:

- Hábito: El hábito que deseas desarrollar (ej., caminar 30 minutos, meditar 5 minutos).
- Frecuencia: Diaria, semanal, etc.
- Espacio para marcar progreso: Crea casillas para cada día del mes y marca aquellas en las que cumplas tu hábito.

Consejo: Coloca este calendario en un lugar visible para mantenerte motivado. Plantilla inicial:

Hábito	Frecuencia	Día 1	Día 2	Día 3	...	Día 30
	Diaria					
Caminar 30 min						
Meditar 5 min	Diaria					

Conclusión: Tu camino continúa

La productividad no es un fin en sí misma, sino una herramienta para vivir con más propósito, claridad y satisfacción. Lo aprendido en este libro es solo el comienzo. Cada acción que implementes, cada hábito que construyas y cada meta que persigas te acercará más a la vida que deseas.

Si alguna vez sientes que pierdes el rumbo, vuelve a este libro. Aquí siempre encontrarás recordatorios, estrategias y ejercicios que te ayudarán a retomar el control. Este es tu momento, y el futuro está lleno de posibilidades. Cierra este capítulo sabiendo que tienes todo lo necesario para construir una vida productiva y significativa, una vida que, sin importar la edad, te inspire a crecer cada día.

¡Cierra con broche de oro y sigue adelante con confianza!

Capítulo 13

Apéndice y recursos adicionales para potenciar la productividad

Este capítulo proporciona herramientas y plantillas prácticas para ayudar a las personas mayores de 50 años a aplicar los conceptos de productividad aprendidos. Incluye un listado de herramientas digitales y analógicas recomendadas, así como plantillas de planificación para organizar el tiempo, los proyectos y las metas de manera efectiva.

Introducción a los recursos

A lo largo de este libro, hemos explorado diversos conceptos, estrategias y técnicas diseñadas para potenciar la productividad en personas mayores de 50 años. Sin embargo, saber qué herramientas utilizar y cómo organizar nuestras actividades de manera concreta es esencial para aplicar esos conocimientos en el día a día. En este capítulo, encontrarás dos recursos clave:

1. Un listado de herramientas recomendadas que pueden ayudarte a gestionar tu tiempo, tus proyectos y tu energía de manera efectiva.

2. Plantillas prácticas de planificación que podrás utilizar para estructurar tu rutina, tus metas y tus prioridades.

Estos recursos te permitirán pasar de la teoría a la acción con mayor facilidad.

Listado de herramientas

Aquí tienes una selección de herramientas tecnológicas y analógicas organizadas por categorías. Estas opciones son fáciles de usar, efectivas y, en la mayoría de los casos, asequibles o gratuitas.

Herramientas digitales

a)Gestión del tiempo

1. Google Calendar
   - Ideal para gestionar citas y recordatorios. Puedes programar alertas en tu teléfono o computadora.
   - Recomendación: Usa colores diferentes para cada tipo de tarea (personal, trabajo, salud).
   - Costo: Gratuito.

2. Todoist
   - Aplicación de listas de tareas que permite organizar proyectos, establecer prioridades y fechas límite.
   - Recomendación: Dedica 10 minutos al final de cada día para revisar tu lista de tareas y ajustar prioridades.
   - Costo: Gratis con opción premium.

3. TimeTree
   - Una opción colaborativa para calendarios familiares o de equipo.
   - Recomendación: Ideal si necesitas sincronizar actividades con familiares o colegas.
   - Costo: Gratuito.

b)Organización de proyectos

1. Notion
   - ○ Herramienta todo-en-uno para crear bases de datos, calendarios y listas personalizables.
   - ○ Recomendación: Usa plantillas prediseñadas para comenzar rápido.
   - ○ Costo: Gratis para uso personal.
2. Trello
   - ○ Sistema visual de tableros para organizar proyectos en tarjetas.
   - ○ Recomendación: Divide tus proyectos en columnas como "Pendiente", "En Proceso" y "Completado".
   - ○ Costo: Gratis con opción premium.

c)Productividad personal y bienestar

1. Focus@Will
   - ○ Música diseñada para mejorar la concentración y reducir distracciones.
   - ○ Recomendación: Úsala durante bloques de trabajo de 25-50 minutos.
   - ○ Costo: Suscripción mensual.
2. Headspace
   - ○ Aplicación de meditación para gestionar el estrés y mejorar la claridad mental.
   - ○ Recomendación: Incorpora sesiones de 5-10 minutos al inicio de tu día.
   - ○ Costo: Gratis con opción premium.

Herramientas analógicas
a)Planificadores físicos

1. Bullet Journal
   - Un sistema de planificación personalizable basado en una libreta y un bolígrafo.
   - Recomendación: Dedica una página por día para registrar tus prioridades y reflexiones.
   - Costo: Varía según los materiales.

2.Moleskine Weekly Planner
   - Un planificador semanal con suficiente espacio para anotar metas y tareas diarias.
   - Recomendación: Úsalo para revisar tu semana los domingos por la noche.
   - Costo: Precio moderado.

b)Sistemas de organización visual

1. Pizarras blancas
   - Perfectas para visualizar metas, planificar proyectos o registrar ideas.
   - Recomendación: Ubica una pizarra en tu área de trabajo para mantener tus objetivos visibles.
   - Costo: Varía según el tamaño.

2. Post-its
   - Útiles para recordatorios rápidos y para marcar tareas importantes.
   - Recomendación: Usa colores específicos para diferenciar tipos de actividades.
   - Costo: Económico.

Plantillas de planificación

A continuación, te presentamos varias plantillas prácticas diseñadas para que puedas planificar diferentes aspectos de tu vida de manera efectiva. Estas plantillas están pensadas para imprimir o reproducir en un cuaderno o planificador.

Plantilla diaria y semanal
a)Plantilla diaria

Fecha:

Hora	Actividad / Tarea	Prioridad (Alta/Media/Baja)
7:00 – 8:00	----------- ----------- -----	----------- ----------- -----
8:00 – 9:00	----------- ----------- -----	----------- ----------- -----
9:00 – 10:00	----------- ----------- -----	----------- ----------- -----
10:00 – 12:00	----------- ----------- -----	----------- ----------- -----

Notas del día:

b)Plantilla semanal

Semana de:
_____
___ a
_____
___

Día	Metas Principales	Eventos / Citas
		_____
Lunes	_____ _____ _____	_____
Martes	_____ _____ _____	_____ _____
Miércoles	_____ _____ _____	_____ _____
Jueves	_____ _____ _____	_____ _____
Viernes	_____ _____	_____ _____
Sábado	_____ _____ _____ _____ _____	_____ _____
Domingo	_____	_____ _____

Plantillas para objetivos mensuales y revisión personal

c)Plantilla para objetivos mensuales

Mes: _____

Objetivo principal: _____

Semana 1 | _____

Semana 2 | _____

Semana 3 | _____

Semana 4 | _____

Logros alcanzados este mes:

d)Plantilla para revisión personal

Fecha: _____

Aspectos positivos de la semana:

_____

Aspectos a mejorar:

_____

Acciones para la próxima semana:

_____

Conclusión

Estas herramientas y plantillas están diseñadas para adaptarse a tus necesidades específicas y ayudarte a mantener un enfoque claro en tus objetivos. Dedica un momento a experimentar con estas opciones y elige las que mejor se adapten a tu estilo de vida y preferencias. Recuerda que la productividad no se trata de hacer más cosas, sino de hacer las cosas correctas de manera consciente.

¡Empieza hoy a organizar tu tiempo y a construir una vida más plena y productiva! Espero que esta estructura sea útil para ti y esté alineada con lo que necesitas. ¿Quieres que amplíe alguna sección o ajuste algo?